自然体験学習に役立つ　アウトドアガイド

②

やってみよう!
アウトドアあそび

監修　下城民夫

やってみよう！アウトドアあそび

もくじ

🌳 第1章 🌳 森のアウトドアあそび …… 6

秘密基地（ひみつきち）をつくろう！………………… 6

自然（しぜん）のもので工作してみよう！……… 8

🐚 第2章 🐚 海と川のアウトドアあそび …… 14

砂浜（すなはま）であそぼう！………………… 14

干潟（ひがた）であそぼう！………………… 16

磯（いそ）であそぼう！ ……………………… 20

川原であそぼう！………………… 22

カヌー、カヤックに乗ってみよう！…… 24

★ 第3章 🌙 夜のアウトドアあそび　……26

- キャンプファイヤーをしよう！　………26
- キャンドルファイヤーをしよう！………30
- ナイトハイクを楽しもう！　……………32
- 虫をさがしに行こう！　…………………34

アウトドアで役立つ知識（ちしき）

- テント泊（はく）の基本（きほん）　…………………………36
- ケガをしたときの応急手当（おうきゅうてあて）　…………38

アウトドアは楽しいけれど危険（きけん）もともないます。しっかりとした計画を立てて、おとなのつきそいの上で安全にあそびましょう。

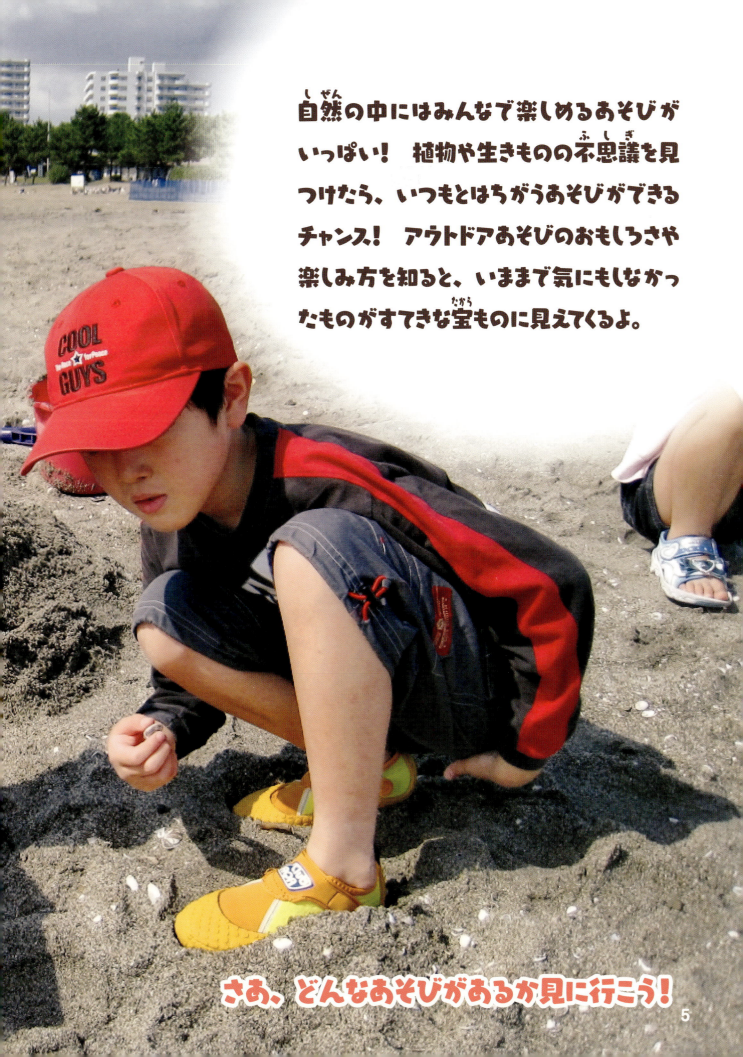

自然の中にはみんなで楽しめるあそびがいっぱい！ 植物や生きものの不思議を見つけたら、いつもとはちがうあそびができるチャンス！ アウトドアあそびのおもしろさや楽しみ方を知ると、いままで気にもしなかったものがすてきな宝ものに見えてくるよ。

さあ、どんなあそびがあるか見に行こう！

第1章 森のアウトドアあそび

秘密基地をつくろう！

仲間と一緒につくる秘密の場所。自分たちだけのこだわりの空間づくりはわくわくする非日常を味わえるはず！　大自然の森の中で、仲間といろいろなアイデアを出し合いながら、身近にある材料を使って自由に秘密基地をつくってみよう！

どうやってつくる？　秘密基地

秘密基地をつくるためには、まずはじめにどんなものを、いつまでにつくるか、仲間と一緒に計画します。事前に基地の設計図をかいたり、ノコギリや竹といった基地づくりに必要な材料リストをつくりましょう。

もし、つくりたいことがたくさんあったら、はじめは基地のベースとなる骨組みづくりからスタートしてみるといいでしょう。外観が見えてくると、やる気もわいてきて作業効率もアップします。できるだけ早くイメージを形にできるようにくふうしましょう。そのためには、使いやすい資材で仮止めなどをし、最後に補強するといった方法が効率的。時間があれば、ほかにあそぶためのブランコをつくったり、ハンモックをつるすなどして、自分たちだけのオリジナルの基地をつくってみましょう。

計画づくりをしよう

1 イメージをふくらませて、設計図をつくる。

ポイント
できるだけ同じくらいの年齢の子と一緒にやろう。感覚も似ているので次から次へといろいろなアイデアがでて、考える力をきたえるトレーニングにもなる。

2 どこにつくるか場所を考える。

3 基地づくりに必要な材料リストをつくる。

ポイント
よく使う道具としては、ノコギリ、竹割り器、カナヅチ、クギ、針金、布、ひもなど。使う材料に応じた道具を準備しよう。

設計図

骨組みをつくろう

竹は中が空洞で軽いから運ぶのにとても便利な材料。また、ほかの木と比べて割ったり、曲げたり加工がしやすいだけでなく、重たいものを乗せてもたえられるくらい強度が高いので、秘密基地づくりの構造材としておすすめ！

1 図のように、3本の竹の上部をじょうぶなひもでしばる。

2 竹のあいだにひもを通していく。

この部分に竹が入る

骨組みができたら床や壁も竹でつくってみよう！

3 通し終えたらひもの最後をしっかり結んでとめ、3本の竹をねじってひろげると骨組みのできあがり！ 上にビニールシートや布などを巻けば、屋根になるよ！（じょうぶにするには竹の数をふやしてもOK）

しっかり結ぶ

完成！

いろいろな遊具をつくってみよう！

ほかにもすべり台、ブランコ、ハンモック、ターザンロープといった、あそぶための遊具を自分たちでつくってみるのもおもしろい。仲間と話し合いながら、みんなで楽しめるあそび場をつくってみよう！

ハンモックも手づくりできる！ つくり方

材料 ●布※ ●糸 ●ロープ※
※人の重みにたえられるもの

1 布の端を図のように折りこんで、なるべくじょうぶな糸でぬっていく。

2 ロープを通す部分はゆったりとって折りこんでぬっていく。

3 長めのロープを通して、木にかけたらできあがり！ 落ちないようにしっかり結ぼう。

わからないことや、刃物などの危険な道具を使うときは、必ずそばにいる指導者に聞くこと。正しい使い方などを教えてもらいながら、道具に親しもう。

第1章 森のアウトドアあそび

自然のもので工作してみよう！

自然の中には工作に使える材料がいっぱい！
竹や小枝、木の実など、自然のものをそのまま
いかして楽しめる、簡単な工作を紹介♪
さあ、まずは材料をさがしに外へでかけよう！

工作に必要なおもな道具と材料

工作ではさまざまな道具を使う。道具は使い方をまちがえるととても危険なもの。必ず説明書を読んだり、よく知っている人に正しい使用方法を教えてもらったりしよう。
難しいなと思ったら無理をせず、おとなに手伝ってもらうなどしてケガをしないように気をつけて工作をしよう。

インパクトドライバー
ネジクギをとめる機械。本書では木に穴をあけるときに使用。

すきまテープ
窓などのすきまにはり、すきま風をふせぐもの。本書では水鉄砲で使用。

ノコギリ
木などをまっすぐに切るときに使う。引くときに切れるので、おしこむときにはあまり力をかけないこと。工作用のノコギリなど種類が豊富。

彫刻刀
細かい部分の修正や細工などに使う。刃の進む方向には手をおかないように注意する。

木工用ドリル刃
インパクトドライバーを使って、一般木材の穴あけをするときにつけるドリル。

キリ
穴あけや、ネジクギ用のよび穴あけとして使う。

木工用接着剤
木を接着する。通常のものより早い時間で接着可能な速乾タイプもある。

薄刃のカッター
細かい部分を切ったり、削ったりするときに使う。

小刀
細かい部分の修正や細工などに使う。切りこみを入れたり、広い面を薄く削りだすこともできる。

カナヅチ
クギを打ったり、部材やのみなどの道具をたたくときに使う。

ダボ
木材同士をつなぎ合わせるときに使う。

紙やすり
表面をなめらかに仕上げるために使う。目の細かいもの、あらいものなどがある。

竹でつくる！水鉄砲

夏のあそびの定番といえば、水あそび。だれでも簡単にできて楽しい水鉄砲のつくり方を紹介。遠くまで水を飛ばしてみたり、友だち同士で水をうち合ったりしながら、夏の暑さをふき飛ばそう！

水鉄砲のつくり方

材料
- 竹（長さ20～30cm）
- 女竹（長さ30～40cm、直径が竹の内径より7～8mmくらい小さいもの）
- 幅広すきまテープ（幅30mm）
- 輪ゴム数本
- 布

道具
- ノコギリ
- キリ
- ハサミ

相手に水をかける場合は、目や耳に水がかからないように注意しよう。

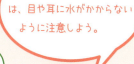

1 竹を30cmほど切りだす。片方のふしは必ず残す。

2 ふしにキリで穴をあけて本体の完成。

3 本体より10cmほど長くピストン用の女竹を切り、その先に10cmほどの長さのすきまテープを巻きつける。

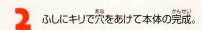

4 輪ゴムでしっかりととめる。

5 4の上に布をかぶせて細くしぼった部分を輪ゴムでとめる。

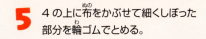

6 余分な布を切りとってピストン部分の完成。

7 本体の中にピストンを入れれば水鉄砲のできあがり。ピストンを引いて水を吸い上げたら、水をおしだす。

完成！

第1章 森のアウトドアあそび

枝から音が鳴る⁉ 小枝の笛

いろいろな木の小枝を使って枝笛がつくれるよ。なかでも材料としておもしろいのは、リョウブの木。リョウブの樹皮は比較的なめらかで特有の模様があるので、最後に表面を削ってデザインするとおもしろい作品に仕上がる。乾燥しても割れにくいのも特徴だよ（生木の場合は乾燥すると縮むので、できれば1～2か月ほどかわかしてから使おう）。

枝の長さや大きさによって、いろいろな音がだせるのも楽しみの一つ！ お気に入りの木を見つけたら、自分だけの笛をつくって音を鳴らしてみよう。

リョウブ

小枝の笛をつくってみよう

つくり方

1 笛本体
2 コマ
3 底

材料
- 小枝（直径2cm以上、長さ5cmくらい）
- 市販の丸棒（直径10mm、長さ10cm以上）

道具
- ノコギリ ●インパクトドライバー
- 木工用ドリル刃（刃径10.5mmのものと刃径5mmの2本） ●小刀
- 彫刻刀 ●工作用ノコギリ
- 木工用接着剤 ●紙やすり

> ノコギリやインパクトドライバーなどの刃物を使うときは、おとなに手伝ってもらおう。

1 笛本体をつくる

1 直径2cmくらいの小枝をノコギリで5cmの長さに切り、切った枝にインパクトドライバーで10.5mmの穴を真ん中に貫通させる。

約5cm　10.5mm　約2cm

> **ポイント**
> インパクトドライバーで穴をあけるとき、まず刃径5mmのドリル刃で深さ5mmくらいの穴をあけてから刃径10.5mmのドリル刃で穴をあけよう。

2 口にくわえやすくなるよう、小刀や彫刻刀で穴の下を少し削る。

側面図

3 2で削った部分を下にして、切り口から1.5cmくらいの場所にノコギリで切りこみを入れる。

> **ポイント**
> 切りこみの深さは穴からのぞいてノコギリの刃が見えるか見えないかぐらいがベスト。深すぎると修復できないので、浅めにしておこう。

約1.5cm
側面図

4 切りこみを入れた反対側のはしから2cmのところを3の切りこみまでななめに削りとり、ふきだし口をつくる。図のように「レ」の字形になるように削ろう。

約2cm
側面図

笛本体完成！

アレンジしてみよう！

自分の名前をほったり、笛の底のほうに穴をあけてひもを通せば、ネックレスやストラップにもアレンジできる。もち歩いて防犯笛にするのもいいよ。
笛本体に女竹を使えば、穴あけの工程がいらないので簡単につくれるよ。

あると便利な道具「ルーター」

木材の角を丸く仕上げたり、溝をほったりするときに使う、ルーターという工具を使えば笛に名前や模様をかくことも簡単！　自分だけの小枝の笛をつくってみよう。
※ 電源が必要です。

2 コマをつくる

1 直径10mmの丸棒の、はしから4cmの部分を小刀で2～3mm削る。

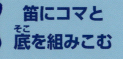

2 さらに、はしから2cmを図のように削り、なだらかな傾斜をつける。

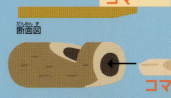

3 傾斜をつけたほうから3cmのところで丸棒を切りとり、紙やすりで表面をなめらかに仕上げる。切り落とした残りは底を組みこむときに使うので捨てないでとっておく。

コマ完成！

3 笛にコマと底を組みこむ

1 笛本体にコマを差しこみ、反対側の穴を指でおさえる。コマの位置を調整しながら笛をふき、音がでた位置で木工用接着剤でコマを固定する。

ポイント

音がでない場合は、コマの差しこみの深さを調整してみよう。ふきだし口からでた息が鼻にかかるようなら空気の出方が少ないということなので、ふきだし口を削ってひろげよう。

2 穴に直径10mmの丸棒（コマで使った残り）を差しこみ、底をつくる。差しこむ深さを調整しながら音をだして、自分でいい音だと思う位置で、ここも木工用接着剤で固定する。

3 木工用接着剤がかわいたら、本体に合わせていらない丸棒を切り落として完成。

外に飛びだしているコマの部分は切り落としてたいらにしてもいいよ！

完成！

11

第1章 森のアウトドアあそび

空高くまい上がれ！竹トンボ

竹を削ってつくる昔ながらのあそびといえば竹トンボ。左右のバランスをとるのが難しかったり、飛ばし方にコツがあるなど、簡単そうに見えて意外と奥が深いあそび。ここでは比較的簡単な竹トンボのつくり方を紹介するよ。つくったあとはどこまで飛ばせるか、みんなで競争してみよう。

竹トンボのつくり方

材料
- 竹（直径 8～10cm、長さ 12～15cm）
- 竹ヒゴ（直径 3mm、長さ 15～20cm）

道具
- ノコギリ
- カナヅチ
- キリ
- 薄刃のカッター
- 万力など
- 紙やすり
- 木工用接着剤

1 太い竹をノコギリで長さ12～15cmくらいに切る。

2 1の竹を幅1.5～2cmくらいになるようにナタやナイフなどで割り、板状にする。
※竹はおとなに割ってもらおう。

3 板状にした竹の縦と横の中心を正確に計って印をつけ、キリで真っすぐに穴を貫通させる。

4 図のように、穴の中心から1cmのところに切りこみを入れるための線を引く（線の長さは縦の長さの2/3）。図の点線部分にも線を引く。裏がえして同様に線を引く。

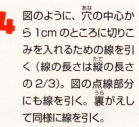

5 下の図のように4で引いた赤線（表と裏の合計4か所）にそってノコギリで切り口をななめに入れる。

横から見た図

6 万力などで図のように固定した竹の上に薄刃のカッターをあて、切りこみをねらいながらカッターをカナヅチでたたき、竹を割るように削る。

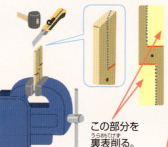
この部分を裏表削る。

7 4か所の角を紙やすりでみがいて丸く仕上げる。

8 竹ヒゴを穴にさして木工用接着剤で固定する。飛ばしたあとに発見しやすいように、羽根に好きな色をつけて完成！

完成！

広い場所で周囲に人がいないことを確認して飛ばそう。また、この竹トンボは左手でおしだすと自分の顔のほうに飛んできてしまうよ。左手でおしだしたいときは羽根の削り方を逆にしてつくろう。

あると便利な道具「万力」

ノコギリやインパクトドライバーなどの刃物を使う場合は、工作物が動かないように固定する道具があると便利。切削する材料をしっかり固定することで、ケガの防止になるだけでなく、はやくきれいに仕上げることができる。

竹トンボの飛ばし方

1 ひじをまっすぐのばし、両手を前にだす。

2 目の高さより下の位置で左手のひらの手前と、右手のひらの先で竹トンボをセット。

3 前方にななめにかたむけて右手を前におしだすように飛ばす。そのとき、左手を動かさないのがポイント。

くるくる回る！ドングリゴマ

秋の木の実といえばドングリ。ひとくちにドングリといっても種類はいろいろ！代表的なのはクヌギやアベマキ、マテバシイだ。身近に落ちている木の実を使って簡単につくれるのがドングリゴマ。どんな形や大きさのドングリがよく回るか、つくってためしてみよう。

ドングリゴマのつくり方

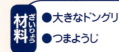
材料：●大きなドングリ ●つまようじ

道具：●キリ ●木工用接着剤 ●ハサミ

1 ドングリの頭の部分の中心にキリで穴をあける。

ポイント
このときキリを強くあてすぎないこと。キリの先がすべってケガをすることがあるので注意しよう。

2 つまようじのとがっている部分に木工用接着剤をぬって穴に差しこむ。

3 木工用接着剤がかわいたら、回しやすい長さにつまようじを切ってできあがり！

完成！

鳥の鳴き声がする！バードコール

森の中には多くの小鳥がすんでいる。そこで、鳥の鳴き声のような音がでるバードコールをつくって鳴らしてみよう。森の中で使ってみると、その音に反応して鳥が近よってきてくれるかも！ただし、みんなでいっせいに鳴らすと小鳥たちがおどろいて逃げていくこともあるので注意しよう。

バードコールのつくり方

材料：
●木工用のダボ（直径 12mm、長さ 35mm くらい）
●蝶ネジ（6mm×20mm）またはアイボルト

道具：
●インパクトドライバー
●木工用ドリル刃（直径 5mm）

1 万力などでダボを固定し、インパクトドライバーで 5mm の穴を貫通させる。

2 あけたねじ穴に蝶ネジを回しながら入れ、キュッと音がでる部分を見つける。

完成！

市販の木工用ダボを使えば音がすぐにでるよ。小枝などの生木を使う場合は、1、2か月ほど乾燥させよう。

ペンダントにしてみよう

できあがったバードコールに自分好みの色をつけたり、キリで穴をあけたりして首からぶら下げてペンダントにしてみよう！

第2章
海と川のアウトドアあそび

砂浜であそぼう！

夏といえば海！ 海に行けばいろいろなあそびが楽しめる。まずは砂浜でできるおもしろくて簡単な砂あそびを紹介。海水浴とはまたちがったアウトドアあそびを体験しよう！

砂で絵がかける！ 砂絵アート

特別な道具がなくても楽しめる砂絵アート。まるで砂浜から絵が飛びだしてくるような感覚で絵がかける、おもしろい技法。また、ふだんペンやクレヨンなどを使ってかく絵とはちがい、立体感のある作品になる。

何をかくかはあなたの自由！ 海に材料をもっていって、自然の中でアートを楽しもう。

砂絵のつくり方

材料
- 砂
- 画用紙
- のり

1. 画用紙にのりで好きな絵をかく。
2. 絵の上に砂をふりかける（のりに砂がつくまでくりかえす）。
3. 余分な砂をふりはらう。完成！

お気に入りの砂絵は、額に入れて部屋にかざっておくのもいいね。思い出がすてきなインテリアになるよ！

完成！

おどろき！砂の立体アートコンテスト

砂あそびの定番といえば、砂山づくりやトンネルほり。でも、せっかく海に行ったなら、砂浜にたっぷりある砂を利用して、大きな砂のアートづくりにチャレンジしてみては？

一人でつくるより、仲間と協力してつくるのも楽しいもの。動物や乗りものといったダイナミックな作品をつくることができるのも砂浜の魅力の一つ。頭と体をフルに使いながら、豊かな発想で作品をつくってみよう。

できあがったら、みんなでコンテストを行うのもいいね。おたがいに観賞し合ったら、砂のアートをくずしてもとの砂浜にもどしておこう。

砂のアートのつくり方

材料
- 砂（砂浜の砂）
- 水（砂浜の場合は海水でOK）

道具
- バケツ
- スコップ

1. バケツに海水をくみ、砂とよくまぜ合わせて固める。
2. かたくてしまった砂のかたまりをつくったら、これを削ったりほったりして、砂のアートをつくっていく。
3. 最後に石や貝、海岸に流れついた木の枝や、浜に落ちている海藻などを使ってかざりつけをして完成！

ポイント
途中で砂がかわいてきたら、水をかけながら作業を進めていこう。

最初は大ざっぱに形をつくり、少しずつ細かい部分に移っていくと、全体的にバランスよくできるよ。

気をつけよう
砂のアートをつくるときは、干潮と満潮の時間をチェックしておこう。つくっているあいだに潮が満ちてきて、波にくずされてしまうこともある。つくる場所をあらかじめ考えておこう。

スリルばつぐん！棒たおし

シンプルだけどいつのまにか夢中になってしまうあそびが棒たおし。砂浜で棒たおしをするときは、ぬれた砂で山を固めてつくってみてもいいかも。かわいた砂とちがったあそびが味わえそう!!

あそび方のルール

1. 砂を集めて山をつくり、てっぺんに木の枝などの棒を立てる。
2. 棒をたおさないよう、一人ずつ適当な量の砂をとり、順番に山をとりくずしていく。
3. 砂をとるときに、てっぺんの棒をたおした人が負け。

山の大きさや形をかえてみたり、棒のかわりに小さなボールをおいたりと、自分たちなりのアレンジを加えてみよう。

海であそぶときの注意点

- 天候や潮の流れによって、海の状態はかわる。突然大きな波がくることもあるので、周囲の状況をよく確認しよう。
- 海には、クラゲやアカエイ（1巻参照）などの毒性をもった危険な生きものがいるので、素手でさわらないように注意しよう。
- 砂浜に打ち上げられたゴミの中には、あきビンやあき缶がまじっていたり、つりばりがついたつり糸が落ちていたりすることも。砂の中にかくれていて見えづらいので、素足で歩くときはとくに気をつけよう。

第2章 海と川のアウトドアあそび

干潟であそぼう！

さまざまな生きものの生活の場であり、海の水をきれいにしてくれる干潟。自然豊かな干潟にはおもしろい生きものがたくさんいる。植物のまわりからは小さなカニが顔をだしていることも。かくれている生きものをさがしてみよう！

干潟ってどんなところ？

干潟とは、潮が引いたとき（干潮）にあらわれる泥や砂がたまったたいらな場所のこと。おもに海とつながる大きな川の河口にできます。潮が満ちているとき（満潮）は海の中にしずんでいます。

干潟にはカニや貝などもたくさんひそんでいます。また魚が卵を産むのにも適した場所なので、魚の子どもをエサとする水鳥がいたり、渡り鳥の休憩場所にもなっています。

干潟はどんなはたらきをしている？

干潟には家庭や工場からでた排水や土砂などが流れこみます。それらは潮の満ち引きによって干潟の砂でろ過されきれいになります。

また、よごれた水にはそれをエサとするプランクトンやバクテリアが発生します。それらをカニや貝、ゴカイなどが食べて分解し水をきれいにしています。このように干潟には水質を浄化する大きなはたらきがあります。

食物連鎖イメージ図

> 干潟にはたくさんの生きものがいるので「食べる」「食べられる」という食物連鎖のようすも見てみよう。いろんな発見があるよ！

干潟であそぶときの注意点

- 干潮の時間をわすれずにチェックしよう。潮が満ちはじめたら、早めに引きかえそう。
- 上流から流されてきたあきビンやあき缶などの危険物に気をつけよう。
- ぬかるみにはまって足がぬけなくなることがあるので注意しよう。

干潟で生きもの観察

海のよごれをきれいにしてくれる干潟の生きものたち。ゴカイ、貝、魚、水鳥など多くの生きものがすんでいる魅力的な場所。さまざまな生きものたちと出会える絶好のチャンス！泥の気もちいい感触も足に感じながら、干潟の自然にふれてみよう。

干潟であそぶときに便利な道具

- 小さめのスコップ
- 熊手
- ビニール袋
- バケツ

> 道具は生きものを傷つけないようにやさしい気もちで使ってね。

水がきれいになる！ヤマトシジミの浄化実験のやり方

材料：●泥水
道具：●透明な容器（2個）

1. ヤマトシジミをひとつかみほど集める。
2. ヤマトシジミの入った容器と、ヤマトシジミの入っていない容器にそれぞれ泥水を入れる。
3. そのまましばらくおいておく。ヤマトシジミの入った容器の水がどんどん透明になるよ！

浄化前 → 浄化後

いろいろな貝をさがしてみよう！

干潟といえば潮干狩り。春から初夏にかけて楽しめる人気のあそび。いろいろな貝を見つけてみよう。引き潮にあわせて沖のほうに行けば大きなアサリが見つかるかも。ほかにもいろいろな生きものをさがしてみよう。

※貝や魚をとってはいけない場所もあります。

> 陸側を好む貝もいれば海側を好む貝もいる。場所によって見つけられる貝がちがうよ。

ソトオリガイ
5cmほどの大きさ。半透明の殻でとてもこわれやすい。

シオフキ
アサリより大きい。殻が高くもり上がっている。海に近い干潟にいるよ。

ヤマトシジミ
海水と川の水がまじる汽水域にいるよ。

アサリ
3cmほどの大きさ。波打ち際の深さ10cmほどの浅い場所にいる。色や模様がいろいろあっておもしろい。

アナジャコの穴みっけ！

第2章 海と川のアウトドアあそび

カニの観察をしてみよう

干潟はカニの絶好のすみか。とくに潮が引いてくると、それまで泥の中で静かにしていたカニが表にでてきて活発に活動しはじめる。カニは下の図のように、砂地にすむもの、泥の中にすむもの、アシ原にすむものと環境によってすみ分けている。干潟のいろいろな場所に行ってカニを観察してみよう。

カニのもち方

カニのはさみにはさまれないように、カニの甲羅のわきを人差し指と親指でもってみよう！

ベンケイガニ
アシの生えたところにいる。クロベンケイガニほどではないが、かたくて長い毛が生えている。

クロベンケイガニ
アシの生えたところにいる。あしに黒くて太い毛が生えている。

アシハラガニ
アシの生えたところにすんでいる。青灰色の丸くすべすべした甲羅と太いハサミをもっている。

コメツキガニ

砂地にすむ。全長1cmほどで砂粒によく似た模様をしている。砂をハサミですくって口へ運ぶ。

チゴガニ
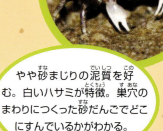
やや砂まじりの泥質を好む。白いハサミが特徴。巣穴のまわりにつくった砂だんごでどこにすんでいるかがわかる。

カニのように小さな生きものたちは長時間の乾燥にはたえられないよ。手にとって観察したら、元の場所にもどしてあげよう。穴をほったら元どおりにうめておこう。

モクズガニ

秋に産卵のために河口にやってくる。この時期だけ見られる。

ヤマトオサガニ

泥質を好み、巣穴をほってくらしている。5cmほどの長細い甲羅と目玉が長いのが特徴。

カニの巣穴の「型」をとろう

カニの穴は真っすぐに土の中にもぐっているものもあれば、横に曲がっていたり、途中で太くなったり細くなったりしているものもある。型をとって砂の中のカニ穴のようすを見てみよう。

「型」のとり方

材料
- 石こう（速乾性）
- 水
- 牛乳パック
- 割りばし

1 巣穴にカニがいないことを確認したら、石こうを牛乳パックに入れ、水を加えて割りばしなどで手早くまぜてカニの穴に流しこむ（石こうと水の分量は石こうの外袋などに記載されているものを参照）。

2 石こうを流しこんだら、15分ほどそのままにして、石こうが固まるのをまつ。

3 石こうのまわりの砂や泥をそっとほっていき、カニの穴の型をとりだす。

完成！

手づくり竿でカニをつろう

身近なものを使ってカニつりを楽しもう。アシの茎を竿にしてたこ糸を結んだらつり竿のできあがり。その先にエサをつけてカニをつってみよう！

第2章　海と川のアウトドアあそび

磯であそぼう！

磯はカニやヤドカリをはじめ、さまざまな海の生きものたちと出会える天然の水族館。岩場の陰や石の下にも思わぬ生きものがかくれているかも！　めずらしい生きものを発見できるのも磯あそびの魅力。磯を思いきり楽しもう！

磯ってどんなところ？

岩がむきだしになっている海岸を磯といいます。潮が満ちる（満潮）と大部分が海にしずみ、潮が引く（干潮）と陸のようにあらわれる場所を「潮間帯」といい、左の図のように、さまざまな生きものがすんでいます。とくに潮が引いたあとの磯のへこみにできる潮だまり（タイドプール）には、海の生きものをたくさん見つけることができるので、観察してみるとおもしろいでしょう。

また、潮間帯より上部を「潮上帯」（満潮のときでもつねに地上にでている場所）、潮間帯より下部を「潮下帯」（干潮のときでも海の中で陸地にならない場所）といい、それぞれの場所によって生きものの種類もかわってきます。

磯あそびに適したタイミング

海水は、月の引力で1日2回ずつ満潮と干潮をくりかえします。潮がいちばん引く干潮時には、磯場に潮だまりができて、満潮時に逃げおくれた海の生きものが見つかります。
そのため、磯あそびをするなら干潮時がベストです。干潮時の2〜3時間前から現地に入り、潮が満ちはじめたときには終わらせるようにします。事前に潮見表で干潮時刻を調べてからでかけましょう。

磯であそぶときの注意点

- 潮が満ちはじめたら、早めに引きかえそう。
- 波打ち際は危険が多いので一人で行くのはやめよう。
- 岩の上には海藻がついていることが多いので、すべらないよう気をつけよう。ぐらぐらしている岩もあるので、できるだけ岩の上は歩かずに、浅い水の中を歩いたほうが安全。
- 磯にはハオコゼ、アカクラゲ、ガンガゼなど、トゲや毒のある危険な生きもの（1巻参照）もいるので注意しよう。生きものは素手でさわらず軍手などをしてさわるようにしよう。

磯で生きもの観察

磯にはどんな生きものがいるのかな？ 岩のあいだや潮だまりなどにいる生きものを観察してみよう。潮だまりも大きいものから小さいもの、波打ち際から近いところや遠いところなど、いろいろ観察し、どのような場所にどのような生きものがいるか見てみよう。

まずはあちこち動きまわらず、同じ場所でじっくり観察し、生きものが何をしているのかを見ると意外な発見があるよ。生きものにそっとさわってどんな感触か確かめてみよう。

潮だまりでは、カニやヤドカリなど、たくさんの海の生きものをつかまえることができる。観察する場所が決まったら水中をじっとのぞいてみよう！

生きものにダメージをあたえないようにすることが大切だよ。

ここに注意！

- 生きものはいつまでも容器などに入れておかずに、観察がすんだらすぐに逃がしてあげよう。
- 石をひっくりかえして石の下を観察したら、石は必ず元どおりに直そう。

アオウミウシ
4cmほどの小さな生きもの。よく見ると角のような触角がある。

タツナミガイ
石のように見える貝の仲間。危険を感じると紫色の汁をだす。

ホンヤドカリ
家にしている貝がきゅうくつになると大きい貝をさがす。

イソテッポウエビ
左右のハサミの大きさがちがうのが特徴。大きなハサミをバチッと鳴らす音が聞けるかも！

イトマキヒトデ
大きさは6cmほどで、裏側はオレンジ色をしている。

ヒトデの動きを見てみよう

浅い潮だまりにヒトデをひっくりかえしてそっとおいておくと、細い触手がでてきて、元どおりになろうとする。その動き方やはやさのちがいなどを観察してみよう。

元にもどった！

第2章 海と川のアウトドアあそび

川原であそぼう！

川原にはたくさんの石が転がっている。ふだんは見すごすような石ころも、りっぱなあそび道具に変身！この石はどんな形だったのかな？この流木はどこから流れてきたのかな？いろいろ想像をめぐらしながら、川原の石や流木などを使ってあそんでみよう。

川原ってどんなところ？

川原とは、川の流れにそったたいらな平地で、水がなく砂や石の多い場所です。川原ではさまざまな大きさや形の石を見ることができます。

上流には岩や大きな石があり、下流には小さな石がたくさんあります。これは流されてくるにしたがい、石と石がぶつかり合い、摩擦などによって角がとれ、だんだん丸みをおびて小さくなっていくからです。海へたどりつくときには小さな砂へと変化します。また、上流ではせまい川原もだんだんと広くなり、中流域では色も形もさまざまな石が敷きつめられた広い川原があらわれたり、河川敷として河川公園が整備されたりしています。

仲間と競争！水切り石投げ

川原といえば水切りあそび。水面に向かって石を投げ、何回水面を飛びはねるかを楽しむシンプルなあそびだけど、石がうまく水の上をはねずしずんでしまった経験のある人も多いのでは？石の選び方や投げ方などを参考に、友だちとジャンプの回数や距離などを競争してみよう。コツをつかんだら記録に挑戦してみるのもいいね！

いろいろな技に挑戦してみよう！

エビ
曲ったエビの体のように、石をカーブさせて横に連続してジャンプする投げ方。

八そう飛び
ジャンプさせた石を対岸にわたす投げ方。

コツ1　石の選び方
ある程度重さと厚みのある、丸くてひらたい石がベスト！

コツ2　石のにぎり方
水面に対し、たいらな部分が水平になるよう図のようにもつ。

コツ3　石の投げ方
なるべく水平に投げる。投げる位置も低い位置から投げたほうがより水面に平行に飛ばすことができるので、イラストのように姿勢を低くしてサイドスローで投げるといいよ。

ポイント
投げるときは、人差し指を石に引っかけ、手首のスナップをきかせて、石に回転をあたえる！

投げるときは、まわりをよく見て、人がいないか確認してから投げよう！

オリジナル作品をつくる！川原アート

川原には、石だけでなく、上流から流木や木の実が流れついていることもある。ゆっくり時間をかけて流れてきた流木は、皮がはがれてとてもいい風合いに！

川原に流れてきた石や流木などを使って、オリジナル作品をつくってみよう。川のすてきな思い出にもなるよ。

クルミスタンプ

川原にはクルミが落ちていることがよくある。きれいに二つに割れたクルミはリスが食べたもの。穴があいているのはネズミなどがかじったものなので、クルミを見ると、流域にどんな生きものがいるか想像することができる。

きれいに二つに割れたクルミは断面をきれいに削るとかわいいスタンプに！　目や鼻などを加えるとオリジナルマスコットの完成。

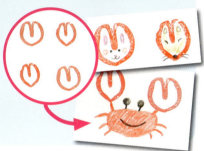

ストーンペインティング

自然の中に転がっている石を使って絵をかいてみよう。川原に行けばいろいろな形をした個性的な石がたくさん！　その形を見て何が思いうかぶかな？　ペンや絵の具などを使って好きな絵をかき、石を変身させてみよう！

自然の石が…　アートに変身！

流木でオリジナルアート

川原には、たくさんの流木が落ちている。おもしろい形をした流木もある。お気に入りの流木を見つけて作品をつくってみよう。

流木の敷物のつくり方

材料　●流木　●麻ひも

1. 流木をちょうどいい長さに切って好みの本数を並べたら、端の1本に麻ひもを巻き結んで固定する。

2. 図のように、麻ひもを木のあいだに交互に通していく。木のすきまが大きくならないように注意しながら数回往復したら、麻ひもの両端を結び固定してできあがり！

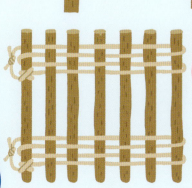

完成！

完成したらお気に入りのものをおいてかざってみてね。

第2章 海と川のアウトドアあそび

カヌー、カヤックに乗ってみよう！

水辺であそぶならカヌーやカヤックがおすすめ。海や川、湖などの水面を自由に動くことができる。激流の川下りからのんびりツーリング、湖でバードウォッチングなど楽しみ方はさまざま。水にうかんだときの感覚や水面からの景色は別世界！ カヌーやカヤックに乗って自然との一体感を味わおう！

カヌー、カヤックってどんなもの？

カヌーとは、一般的にパドル（水をかくオールのようなもの）を使ってこぐ小舟のことです。カヌーには種類があり、パドルのちがいによって、大きく「カヌー」と「カヤック」の2種類に分かれます。カヌーは、水につける部分（ブレード）が片側のみについているパドルを使います。舟の上部が大きくあいていて、船に近い形をしています。カヤックは、ブレードが両側についているパドルを使います。形や素材などもさまざまで、川あそびには「リバーカヤック」、海には「シーカヤック」など、あそぶフィールドによって使用するカヤックもちがってきます。

カヌー

ブレードが片方にのみついているパドルを使う。
イスのような座席に座ったり、舟底に立てひざをついた状態でこぐ。

カヤック

ブレードが両側についているパドルを使う。
おしりをついて、ひざをひらいたような体育座りの姿勢でこぐ。

ツーリングへ行こう！

　カヌーの楽しみ方は、川や湖だけでなく、海にまで広がっている。おすすめは、川上から河口をめざして下っていくリバーツーリング。急流や波にもまれながら、自然と格闘するのも楽しいもの。おだやかな場所では、心地よい風にあたりながら、自然の香りを感じてみよう。

　そして広大な海をつき進む、シーツーリング。目の前で飛びはねる魚を見られるのも自然ならではのおもしろさの一つ。島めぐりを楽しんだり、お気に入りのスポットを見つけて、のんびりつりをしたりしてみるのもいいよ。あそび道具などを積んででかけてみよう。

川

海
湖

カヌー、カヤックをするときの服装

春秋
- ぼうし（場所によってはヘルメットが必要）
- レインウェアまたは水をはじくウインドブレーカー（中にぬれても暖かい化繊のフリースなども着るといい）
- ライフジャケット
- 長そでのシャツ
- 化繊のタイツ 長ズボン
- ぬれてもいいくつ

夏
- ひざ下まであるズボン

ポイント
服装はぬれてもいいものにすること。化繊などのかわきやすい素材のものを選ぼう。かわきにくいジーンズなどはNG。

もちもの
- 水着（ズボンの下に下着がわりにはく）
- 着がえ
- 飲みもの（ペットボトル、水筒）
- タオル
- サングラス（あると便利）

まずは習いに行ってみよう

　日本各地にはカヌー、カヤックの基本的なこぎ方や乗り降りの仕方、服装などにかんするアドバイスや楽しみ方を教えてくれるスクールがあるよ。種類にもよるけれど、しっかり習えば、ある程度動きまわることも可能に！　ちょっとしたコツをつかめばだれでも楽しむことができる乗りもの。興味があればぜひ習いに行ってみよう。上達したらおとなと一緒にツーリングへGO！

第3章 夜のアウトドアあそび

キャンプファイヤーをしよう！

仲間と一緒に火を囲むキャンプファイヤーは、夜のアウトドアでは人気のあそび。赤々と燃える火を見ると、みんなの気もちが一つになり、深い感動を味わえるよ。参加者と一緒にゲームを楽しむのも魅力の一つ。キャンプファイヤーを通して友情や親睦を深めよう。

キャンプファイヤーって？

キャンプファイヤーとは、大勢で大きな火を囲むイメージがあるかもしれませんが、実は炊事やあかりに使う火など、キャンプで使う火のことはすべてキャンプファイヤーといいます。

そしてキャンプファイヤーの基本はたき火です。たき火をじょうずに行うことができれば、アウトドアをよりいっそう楽しめます。昔はキャンプファイヤーといえば、大きな火をたくものでしたが、最近は自然にやさしくという考えから、できるだけ小さな火で行うようになっています。

キャンプファイヤーの準備をしよう

キャンプファイヤーをするときは、事前の準備と計画が必要。まずは火の燃料となる木などを用意しよう。薪を組むときのやり方はいくつかあるけれど、ここではくずれにくくて火がつきやすい方法を紹介。灯油はできるだけ使わないようにし、火のぬくもりを実感できるようなキャンプファイヤーにしよう。

薪はホームセンターやキャンプ場でも手に入るよ！

材料を集める

枯れ葉や小枝、新聞紙など、燃えやすいものを用意しよう。杉や松の葉っぱなども燃えやすい。

枯れ葉　新聞紙　杉の葉

ポイント　太さで分けておくと使うときに便利。

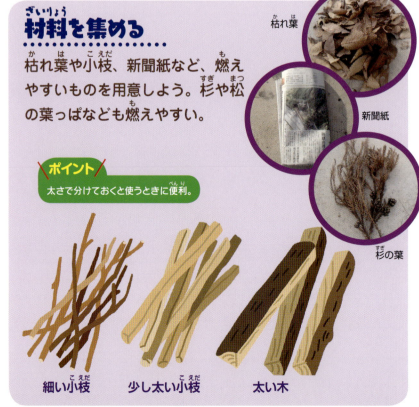

細い小枝　少し太い小枝　太い木

キャンプファイヤーの準備の仕方

材料 ●新聞紙 ●小枝 ●太めの薪

1 新聞紙を丸める。

2 まわりに細い小枝を立てかける。

3 太い木を立てかけていく。

4 太めの薪で枠をつくる。

5 太めの薪を重ねる。

ポイント
空気が入りやすいように、すきまをつくるように立てかけよう。

ポイント
トーチ棒（p29参照）を使って火をつけるときは、あらかじめトーチ棒が入るスペースをあけておこう。

火のつけ方・消し方

つけ方
燃えやすい新聞紙や枯れ葉などに火をつけ、火がまわってきたら少しずつ枝を追加する。

消し方
自然に燃え落ちて灰になるのをまってから、水を少しずつかけて灰を冷やしながら消す。

ポイント
灰にしたあと少し時間をおいてから水をかける。

たくさんの水をいきなりかけると水蒸気が上がってやけどをすることがあるよ。

キャンプファイヤーをするときの 注意点

- キャンプ場などの許可された場所で、おとなと一緒に行うこと。
- キャンプファイヤーの火は大きくなりすぎないようにしよう。
- いつでも火が消せるようにバケツに水を入れ、そばにおいておこう。
- 強い風がふいたときは、火の粉がまうことがあるので、天気が悪いときは中止しよう。

第3章 夜のアウトドアあそび

キャンプファイヤーのプログラムを決めよう

大勢で火を囲むキャンプファイヤーは、右のページのように、大きく3つに分けられます。儀式として行うセレモニアルファイヤー、ゲームなどを主にして楽しく行うボンファイヤー、語りや話し合いのために行うカウンシルファイヤーです。基本的に内容は自由なので、どんなことをメインに行いたいのか、テーマや目的を決めてプログラムを考えるといいでしょう。

たとえば、キャンプの初日に行う場合は、おたがいが知り合えるような楽しいゲーム（p31参照）などを中心としたプログラムにしたり、最終日に行う場合は、キャンプでの感想を劇やかえ歌にして発表するなど、キャンプファイヤーを行うねらいに応じて、計画してみましょう。

役割分担を決める

キャンプファイヤーを行うときは、おもに3つの係を決めておくと進行がスムーズ。

営火長（ファイヤーチーフ）

キャンプファイヤーの責任者。キャンプの責任者（キャンプ長）やベテランの指導者に担当してもらうことが多い。点火の合図や開会・閉会の宣言、スピーチなどを行う。

営火係（ファイヤーキーパー）

キャンプファイヤーにおける火守り。ファイヤーの準備（薪組みやトーチなど）や、プログラムにあわせた火の勢いや明るさの調節を行う。ファイヤー中の安全管理も担当。また終わってからは火を消し、片づけるのも大切な役目。

ポイント
営火係になる人は、ぼうしをかぶって、綿の長そでとズボンをはこう。軍手も必需品！

ほかにこんな係をつくってもOK！

点火係
営火長の合図で火の点火を行う。

ゲームマスター
司会者だけでは単調になるので、歌やゲームなどのレクリエーションを担当する。

タイムキーパー
プログラム中の時間管理を担当する。状況にあわせて各係へ時間の指示をだす。

司会者（エールマスター）

キャンプファイヤーの進行係。歌やゲームの指導、だしもの（劇や歌）の紹介などを行う。ファイヤー中は、まわりの雰囲気に気を配り、その場にあわせた話などでプログラムのあいだをつなげ、もり上げる。

キャンプファイヤーの演出① 営火係

もり上げるときは、小枝などを入れ、火を明るく強めにしよう。終わる時間も考えてあまりたくさん入れすぎないようにする。営火係はやけどに気をつけながら、火の調整をしよう。

キャンプファイヤーの種類

おごそかな雰囲気を演出するなら……
☆ セレモニアルファイヤー ☆

「儀式の火」ともよばれ、キャンプのはじめや終わりに行われることが多い。雰囲気を重視し、より儀式に重点をおくため、静かな雰囲気でおごそかに進行する。

キャンプファイヤーの演出② 点火係

静かな雰囲気の歌で点火係が入場し、トーチで点火します。

トーチ棒のつくり方

材料
- 木の棒（長さ30〜50cm）
- タオルまたはぼろきれ
- 針金

1. いらなくなったタオルやぼろきれなどを棒に巻きつける。
2. 針金をしっかりと巻いて、タオルがぬけないようにして完成。

> トーチ棒はキャンプファイヤー直前に灯油をしみこませて火をつけるよ。おとなにやってもらおう！

大人数でわいわい楽しむなら……
☆ ボンファイヤー ☆

「親睦の火」ともよばれ、レクリエーション的要素を重視する。みんなで歌ったりおどったり、ゲームなどを楽しんだり（p31参照）、班ごとの発表（かえ歌、劇など）をしてもいいだろう。活動的な雰囲気で、楽しく場を進行させよう。

少人数で語り合うなら……
☆ カウンシルファイヤー ☆

「話し合いの火」ともよばれ、アットホームな雰囲気を重視するよ。少人数のグループで進行するキャンプファイヤー。キャンプの感想を話し合ったり、テーマを決めて意見をいい合ったりしてもいいね。火が小さくなっていれば、マシュマロを焼いたりして、おやつを食べながら進めるのもおすすめ！

第3章 夜のアウトドアあそび

キャンドルファイヤーをしよう！

天気が悪くてもできるのがキャンドルファイヤー。室内でも火を囲むことができるよ。静かな暗闇にゆれるキャンドルの光はとても神秘的で、静かに夜をすごしたいときのプログラムとしてもおすすめ。準備の負担も少ないよ。

どうやって火を囲むの？

青少年自然の家や団体でキャンプを行うような場所には、ろうそくをさすための燭台があります。燭台にろうそくを立てて火をともし、そのまわりをキャンプファイヤーと同じように囲みます。プログラムの進め方も同じで、歌やゲーム、ダンスなどをしてもよいでしょう。燭台がない場合は、ろうそくを立てる皿などを用意して台座をつくります。室内で火を使う場合はあらかじめ施設の許可をとりましょう。

切り株型の燭台
ろうそくを立てるところ

☆ろうそくトーチを楽しもう☆

キャンドルファイヤーは火が小さいので、一人ずつ火をもつこともできる。参加者全員にろうそくをもたせ、代表者から一人ひとりへ火を分けていく（分火する）ことがある。ここでは、火を移すときに使うろうそくトーチの簡単なつくり方を紹介するよ。

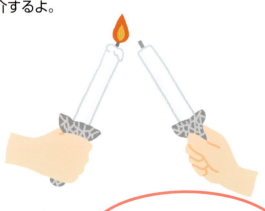

ろうそくトーチのつくり方
材料 ●ろうそく ●アルミホイル

1 アルミホイルの中心にろうそくを立て、下のほうをぎゅっとにぎる。

2 手の形に合うように、アルミホイルをととのえていく。

3 ろうそくのろうがたれても手につかないように、まわりを立てて、受け皿のような形をつくる。

完成！

火を分火するときは、ろうがたれることがあるよ。熱いろうにさわるとやけどするので気をつけよう。

ゲームをしよう

キャンプファイヤーやキャンドルファイヤーのときに行うゲームを紹介します。
みんなでわいわい楽しくもり上がりましょう！

★ 集合ゲーム ★

1 リーダーがまず手をたたく。

2 参加者はリーダーのあとに続いて同じ数だけ手をたたく。

3 リーダーが「GO！」といったときにたたいた数の人数で、まわりの人とグループになる。

4 数によって半端がでるので、あまってしまった人は自己紹介などをする。

★ おちたおちた ★

1 リーダーが「おーちた、おちた」と声をかける。

2 参加者はそれを受けて「なーにがおちた？」とこたえる。

3 リーダーが「リンゴ！」といったら、リンゴを受け止められるように手ですくうポーズ。「かみなり！」といったら、かみなりさまにおへそをとられないようにおへそをかくすポーズ。「げんこつ！」といったら、げんこつでぶたれないように頭をかくすポーズをとる。

何度かくりかえして、なれてきたらスピードをはやくしていくともり上がるよ！

第3章 夜のアウトドアあそび

ナイトハイクを楽しもう！

夜になったらドキドキのナイトハイクへでかけよう。夜になると動きだす生きものたちに出会えたり、空を見上げれば、星空を楽しむこともできる。しっかり準備をととのえて、昼とはちがった夜のアウトドアを楽しもう。

ナイトハイクの基本やルール

わざわざ夜にハイキングをするのは、夜の闇を楽しむためです。自然の中で大騒ぎするきもだめしとはちがいます。とくに夜の森は生きものたちの活動時間です。出かけるときは、もちものや服装にも注意が必要です。

虫にさされないように、夏でも半そでや短パンをさけ、できるだけ肌をかくす格好をしましょう。たとえ転んだとしても、引っかいたりすりむいたりせずにケガから体を守ることができます。足元もサンダルはやめて、運動ぐつをはいてでかけましょう。また、夜の闇を照らす照明器具を自分でつくるのも楽しいです。

ナイトハイクをするときの準備

服装
- ぼうし
- 長そでのシャツ
- 長ズボン
- 運動ぐつ
- 長いくつ下

あると便利なアイテム！「ヘッドライト」

夜の活動には、両手があくヘッドライトがあると便利だよ。首から下げられるペンダント型もあるのでもって行こう。

ろうそくホルダーをつくろう

夜道を小さくやわらかい明るさで照らしてくれる、ろうそくホルダーを手づくりしてみよう。ちょっとくらいの風でも火が消えないから不思議！

つくり方

材料
- ろうそく
- アルミホイル

1. ろうそくのまわりにアルミホイルを巻きつける。そのとき、一つの角がろうそくより長くなるようにする。
2. ろうそくの上のほうを包みこむように折り曲げる。

完成！

暗闇に目をならしてみよう

暗いところでは、懐中電灯などで足元を照らしながら歩くことが多いが、実は人間の目は暗闇に適応できる力をもっている。暗闇に目をならして、夜の森林を見てみよう。

手順例

1. 広くて安全な場所に移動する。
2. あかりを消して、真っ暗闇にする。
3. まわりのようすをしっかり見るようにする。
4. だんだんまわりのようすが見えてくる。

★ナイトハイクにでかけよう★

　準備ができたら、いよいよナイトハイクに出発だ。どんな場所を歩くか、事前に計画を立てよう。家の近くの山や森林、キャンプにでかけたときにはその周辺などを散策してみるのもいいだろう。明るい昼間に一度下見をしておくことも大切。暗くなるとイメージがだいぶかわり、思わぬ危険をともなうので注意して行こう。

　そして、夜の自然は虫や動物たちのものという気もちをわすれずに、できるだけ静かに楽しむこと。友だちの顔をライトで照らしたりしてあそんでいると、せっかく暗闇になれた目が元にもどってしまう。ライトをつけるときは、足元を照らすぐらいにとどめておくのがナイトハイクを行うコツだよ。

ナイトハイクの計画を立ててみよう

1 歩く場所の地図を用意する。

2 だいたいのルートを決める。

3 昼間に一度、その道を歩いてみる。

4 できればおとなに夜にも下見をしてもらう。そのとき、どこでどんなものが見られたかを聞き地図に書きこんでおく。また、暗いときに注意しなくてはならないところなども書きこむ（例 この曲がり角がわかりにくい、地面に石が多いので注意するなど）。

5 ルートを決定する。無理をせず安全な道を選ぼう。

実際に歩いたあとは、どんなものがいたのか、感じたことや気づいたことなどをおたがいにいい合ってみよう。

ナイトハイクをするときの 注意点

● ナイトハイクは一人で行かず、複数で行動しよう。必ずおとなと一緒に行くこと。
● きもだめしのようにわざとおどかしたり、夜のこわさを強調するプログラムは、パニックをおこしたりすることがあるのでやめよう。
● 山や林の中を歩く場合は、市街地のように街灯がないので、ルートの確認はしっかりしてからでかけよう。

第3章 夜のアウトドアあそび

虫をさがしに行こう！

夏の夜は、虫たちが活発に活動する時期。電柱などの明るいライトの下をさがしてみると、いろいろな虫と出会うことができる。虫は白色のライトに集まることが多いので、森やキャンプ場などに行ったらシーツなどの白いシートをはり、ライトをつけて虫を集めてみよう。

ホタルウォッチング

最近ではあまり見かけなくなったといわれるホタルだが、水のきれいなところではまだまだホタルが見られる。おもな生息場所は、小川や田んぼの水路など。時期は6月の終わりから8月の中旬ぐらいにかけて見られる。地域によってホタルの種類や時期がことなるので、地元の人に聞いてみよう。

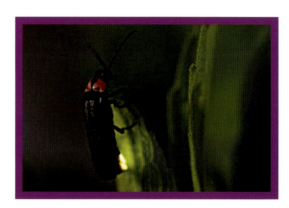

●ホタルはどうして光るの？

ホタルの光はプロポーズの合図といわれている。オスは光を発して飛びながら相手をさがし、メスは弱い光を発して草や木の葉の上でオスをまつ。たがいを見つけたとき、強い光を発して合図を送り合うよ。

矢印の部分が発光する。写真左がメス、右がオスのゲンジボタル

ホタルを見つけるコツ！

気象条件
気温20度以上の暖かい日で、くもっていて風のない日に多く飛びやすい。

時間帯
太陽がしずんで薄暗くなりはじめた、午後7時ぐらいからじょじょに飛びはじめ、8時台にピークをむかえ、9時をすぎるとへっていくよ。

●ホタルがすむのに適した環境は？

水温15～20度くらいの水の流れがゆるやかな水場。また、そこにはホタルのエサとなるカワニナ（貝の一種）がたくさんいることも条件の一つだよ。

石にしがみつくカワニナ

ホタルを見るときの注意点

● ホタルは強い光をきらうので懐中電灯やカメラのフラッシュ撮影などもひかえよう。
● ホタルの寿命は短いのでつかまえたりせず、見るだけにしよう。

☆いろいろな虫のようすを観察しよう☆

昼間では見られない、虫たちの夜の活動を観察してみよう。意外な発見ができるかも！

セミの羽化を見てみよう

　夏の虫の代表といえばセミ。セミは羽化する時期や時間が決まっているので、意外と観察しやすい虫。まずは昼間に観察できそうな場所をさがしておこう。セミのぬけ殻がたくさんある木の幹や枝などがねらい目！

　セミの幼虫は夕方から地上にでて、日がしずんだころに木に登りはじめ、幹や枝にとまって羽化する。観察するなら、夕方から夜にかけてがいいだろう。また羽化のピークは7月下旬から8月上旬ぐらい。セミの鳴く時期にあわせて外にでてみよう。

羽化したばかりのセミは光っていて、とても美しいよ！

セミのぬけ殻

樹液によってくる虫を見てみよう

　木の幹からしみだす樹液には、夜になるとカブトムシやクワガタムシ、カナブンやチョウなども集まってくる。このような夜行性の昆虫たちは昼間、日のあたらない土の中や木の陰などにかくれて寝ているよ。樹液をよくだす、クヌギやコナラなどの木をさがして見てみよう。

樹液にむらがる虫たち

夜のカマキリを見てみよう

　夜も行動するカマキリは、よく見ると昼間とは目の色がちがう。夜でも獲物を見つけやすいように、目の色がかわると考えられている。

　カマキリのカマではさまれると痛いので、つかまえるときは、背中のほうから前あしのつけ根をつかむようにもつといいだろう。

夜のカマキリ

昼のカマキリ

夜は黒い目をしているから、まるで黒いサングラスをしているようだね！

アウトドアで役立つ知識

テント泊の基本

大自然の中で思いっきりあそんで寝るのもアウトドアの醍醐味。なれてきたらテント泊に挑戦してみるのもいいでしょう。ここではキャンプには欠かせないテントについての知識を紹介します。

1 場所を選ぶ

野外で安全に泊まるには場所選びが大切です。テントを立てるには、まずたいらで安全な場所をさがしましょう。

テントをはってはいけない場所

強風のふくところ
飛ばされる危険がある。

がけの下
落石や土砂くずれの危険がある。

大木の真下
落雷や倒木の危険がある。

中州や川原
集中豪雨などによる増水の危険がある。

2 テントをはる

テントには、ドーム型、家型、オーナーロッジ型などいくつかの種類があります。ここでは最近の主流でもある、立てるのが簡単でコンパクトに収納できるドーム型のテントを紹介します。

ドーム型テントのしくみ

ポールで立ち上げることで、天井、壁、床で囲まれた空間をつくる。

はり綱
テントを固定するもの。

ペグ
テントに結んだはり綱を固定するもの。ハンマーで地面に打ちこんで使う。

フライシート
テント本体にかぶせるもの。雨の日は必須。

ポール
テントの骨組みになる部分。

ランナー（自在留め）
はり綱のはり具合を調整する道具。ほとんどのはり綱についている。

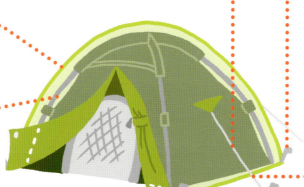

ドーム型テントの立て方

1 テントを立てる場所を選んだら、入り口を風下側に決めテント本体を地面に広げてととのえる。

2 説明書のとおりにポールを組み立てる。

3 ポールをテントの四すみに差しこんでテント本体を部品でつなげ立ち上げる。

4 フライシートをかぶせる。

5 四すみにペグを打って固定する。

6 はり綱をはる。

ポイント 引っぱりすぎてもゆるすぎてもいけない。適度にはった状態に調整しよう。

ペグの打ち方

基本的にペグは、はり綱の角度と垂直になるようにハンマーで打ちこむ。このとき、打ちこみすぎないように気をつけよう。

ペグが打てない場所でのくふう

大きな石に結ぶ。

木に結ぶ（このとき、木を傷つけないようタオルなどをあてる）。

袋に土や砂を入れた重りに結び、地面にうめる。

3 寝袋を選ぶ

　テントの中で快適に寝るためには寝袋が必要です。寝袋はその形状から、大きくマミー型と封筒型に分かれます。マミー型はコンパクトにまとまり、体にフィットするため保温力が高いのが特徴です。封筒型はふとんのようにゆったり寝られますが、小さくなりにくいものが多いです。
　また、中綿に使っている素材によって、保温力がかわってくるので、温度表示を見て準備するといいでしょう。

マミー型　　封筒型

アウトドアで役立つ知識

ケガをしたときの応急手当

アウトドアでは思いがけずケガをすることもあります。そんなときはあわてずに、できる範囲で応急手当をします。とっさのときにすぐ対応できるように、基本的な応急手当を身につけましょう。

1 応急手当の基本

ケガをした人を発見したら、冷静な対応が必要です。まず大切なことは、①パニックにならず落ち着くこと。②自分の安全を確保することの二つが基本です。一度深呼吸をして落ち着いてから、どのように手当をするか冷静に判断しましょう。また、相手を助けようとして、自分自身を危険にさらしてしまう場合もあるので、注意することも大切です。

おとなに相談しよう

ケガをしている友だちを発見したら、まず側にいるおとなに知らせましょう。おとなに相談していちばん適切な応急手当を考えてください。

2 傷

切り傷・すり傷をおったとき

傷口をきれいな水で洗い、ガーゼをあてて包帯を巻きます。小さな傷ならばんそうこうでもOK。傷口を清潔に保つことが大切です。

出血がひどいとき

出血がひどいときは、傷口にガーゼや清潔な布を直接あてて止血します。痛みがひどい場合はすぐに病院に行きましょう。他人の止血をするときは、ビニール手袋をしたり、あるいは清潔なビニール袋などに手を入れたりして直接血液にさわらないようにしましょう。

鼻血がでたとき

鼻血がでたときは、イスなどに座らせて軽くあごを引いた状態で下を向かせ、親指と人差し指で10分間くらい鼻をつまみます。口の中に鼻血がたまってきたらはきださせて、30分たっても止まらなかったら病院に行きましょう。

3 やけど

衣服の上から水をかけて冷やす

熱いお湯が体にかかってしまったときは、あわてて衣服をぬがせると、衣服にはりついた皮ふがはがれてしまうこともあるので、衣服の上から水をかけて冷やします。この場合は、広い範囲をやけどしていることがあるので、救急車をよぶか病院に行ったほうがいいでしょう。

やけどしたところを水で冷やす

やけどをしたら、できるだけはやく冷たい水でその部位を冷やしましょう。すぐに熱をとりのぞくことで、痛みやはれ、傷のダメージを軽くすることができます。水ぶくれができていたら、つぶさずにそのままにしてガーゼなどをあてて保護しましょう。

> 熱湯や火などの近くに行くときは十分注意しましょう。

4 虫さされ（ハチ）

毒液を水で洗い流す

ハチの毒液は水にとけやすいので、さされたところを水で洗うのも有効です。じんましんがひどくでたり、呼吸が苦しくなったりしたときは、一刻もはやく病院に行きましょう。

ポイズンリムーバーで毒液をだす

もしもさされてしまったときは、体内に入る毒液の量を少しでもへらすため、できるだけはやい手当が必要です。ポイズンリムーバー※（吸引器）を使って毒液を吸いだしたり、吸引器がないときは指でしぼりだすなどしましょう。

> ハチのように人をさす虫は、自分たちの巣を守るとき以外は襲ってこないので、巣を見つけたら近づかないようにするのがいちばんです。ハチがよってきた場合は近くに巣があると考え、その場から静かにはなれましょう。

※登山用品店などで手に入ります。

- 監修　　下城民夫
　　　　（アウトドア情報センター所長、日本バーベキュー協会会長）

- 著者（50音順）　　浅野純一（NPO法人「緑の風」理事長）
　　　　　　　　　　菅原正徳（カワラバン代表）
　　　　　　　　　　高瀬宏樹（国立赤城青少年交流の家事業推進室室長）
　　　　　　　　　　中村昭彦（一滴代表）
　　　　　　　　　　中村正雄（大東文化大学スポーツ・健康科学部 スポーツ科学科教授）
　　　　　　　　　　三好千鶴（野外教育事業所 ワンパク大学）

- 写真協力（50音順）　　浅野純一、NPO法人国際自然大学校沖縄校「ネコのわくわく自然教室」、奥山英治、菅原正徳、高瀬宏樹、十日町市立里山科学館 越後松之山「森の学校」キョロロ、工房 草來舎、中村昭彦、三好千鶴、安田仁、ヤックス自然学校

- 装丁・表紙イラスト　　迫田　司
- デザイン・レイアウト　　有限会社 ねころのーむ（高久真澄　岩間南帆）
- イラスト　　小坂タイチ
- 編集制作　　株式会社アルバ

自然体験学習に役立つ　アウトドアガイド②

やってみよう！アウトドアあそび

初版発行／2015年2月

監修　　下城民夫
発行者　升川和雄
編集　　髙松保江
発行所　株式会社教育画劇
　　　　住所　東京都渋谷区千駄ヶ谷5-17-15
　　　　電話　03-3341-3400
　　　　FAX　03-3341-8365
　　　　http://www.kyouikugageki.co.jp
印刷所　大日本印刷株式会社

©KYOUIKUGAGEKI.co.ltd Printed in Japan
本書の無断転写・複製・転載を禁じます。乱丁・落丁はおとりかえいたします。
NDC786/40P/29×22cm
ISBN978-4-7746-2007-7（全3巻セット　ISBN978-4-7746-3009-0）